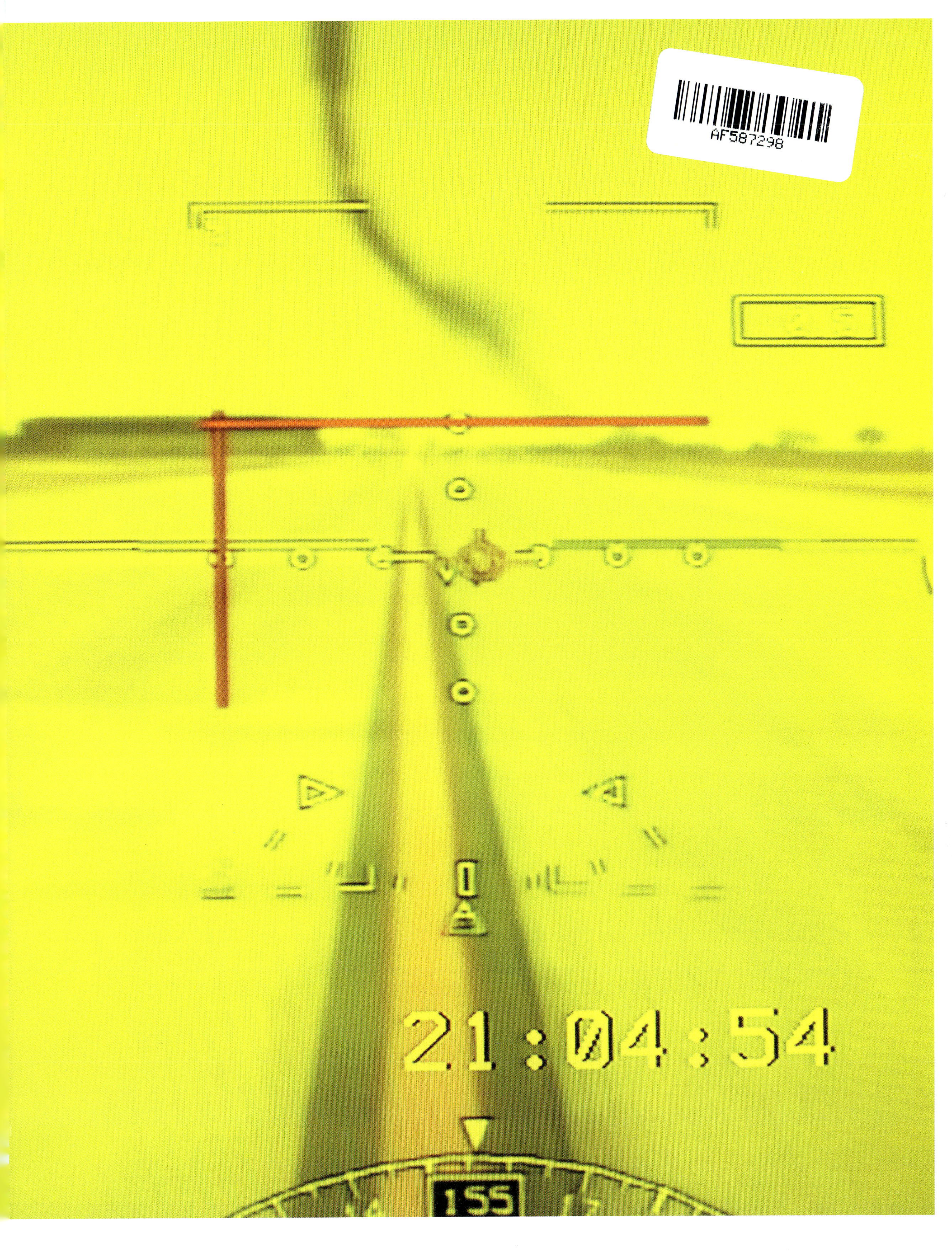

21:04:54
155

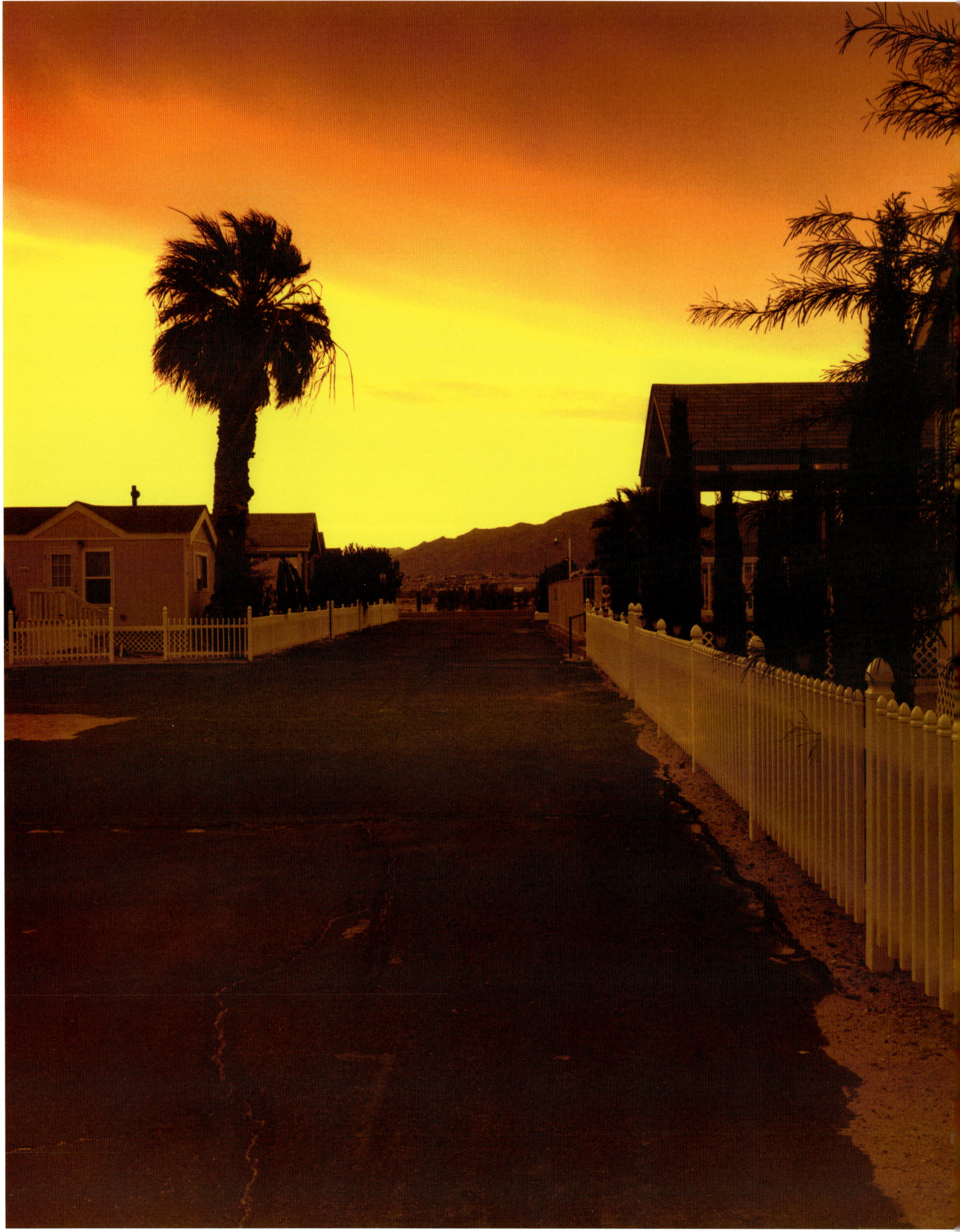

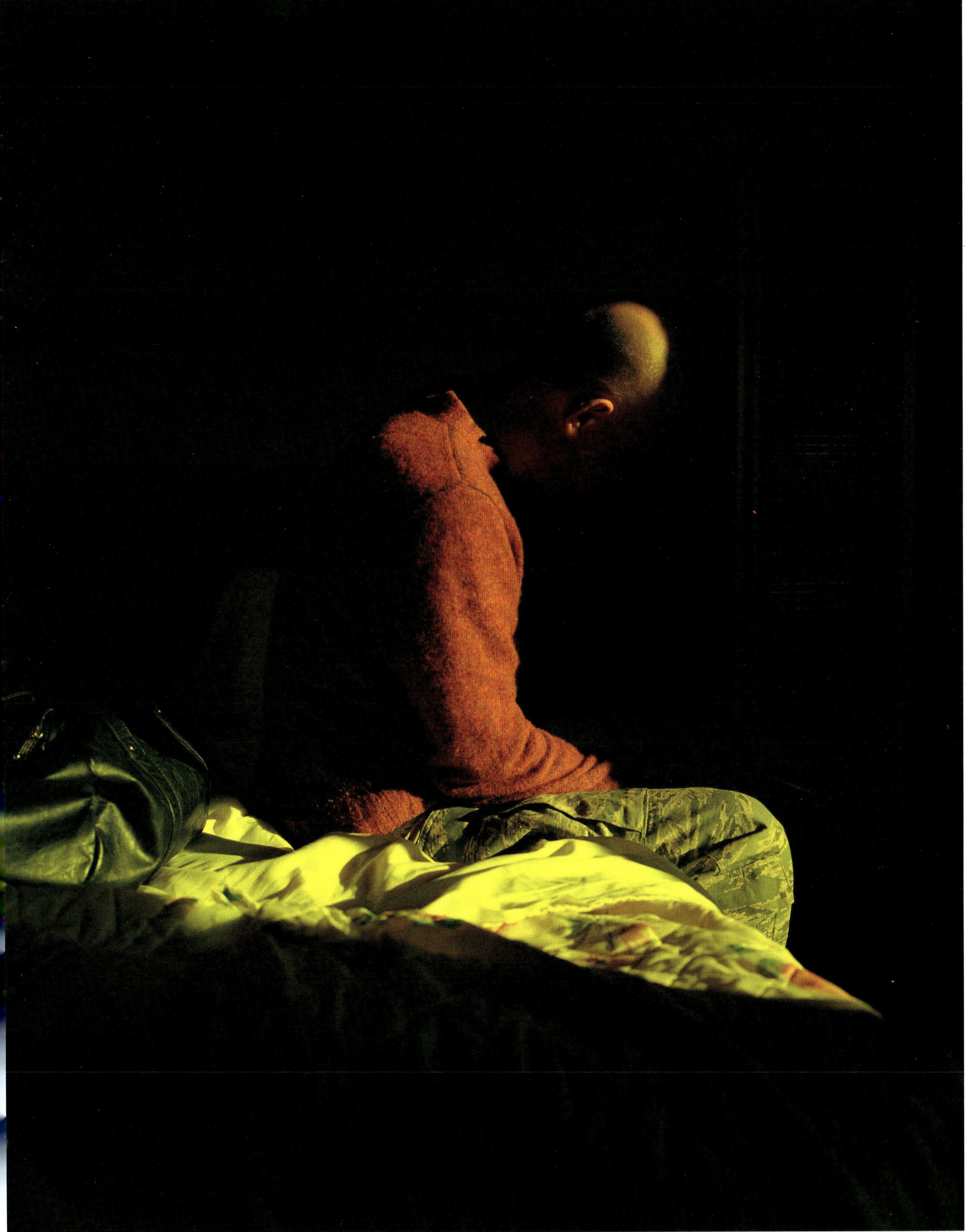

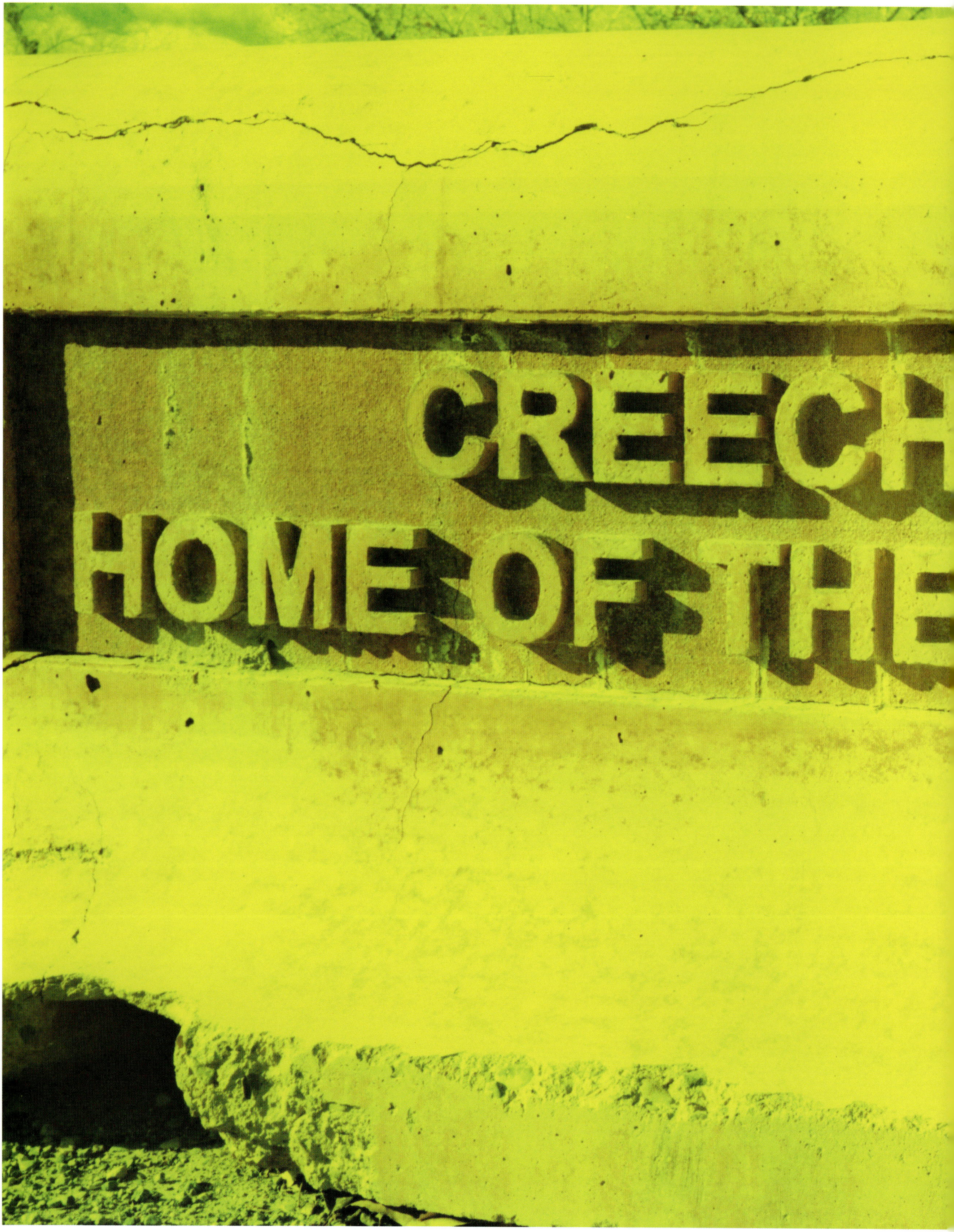

CREECH
HOME OF THE

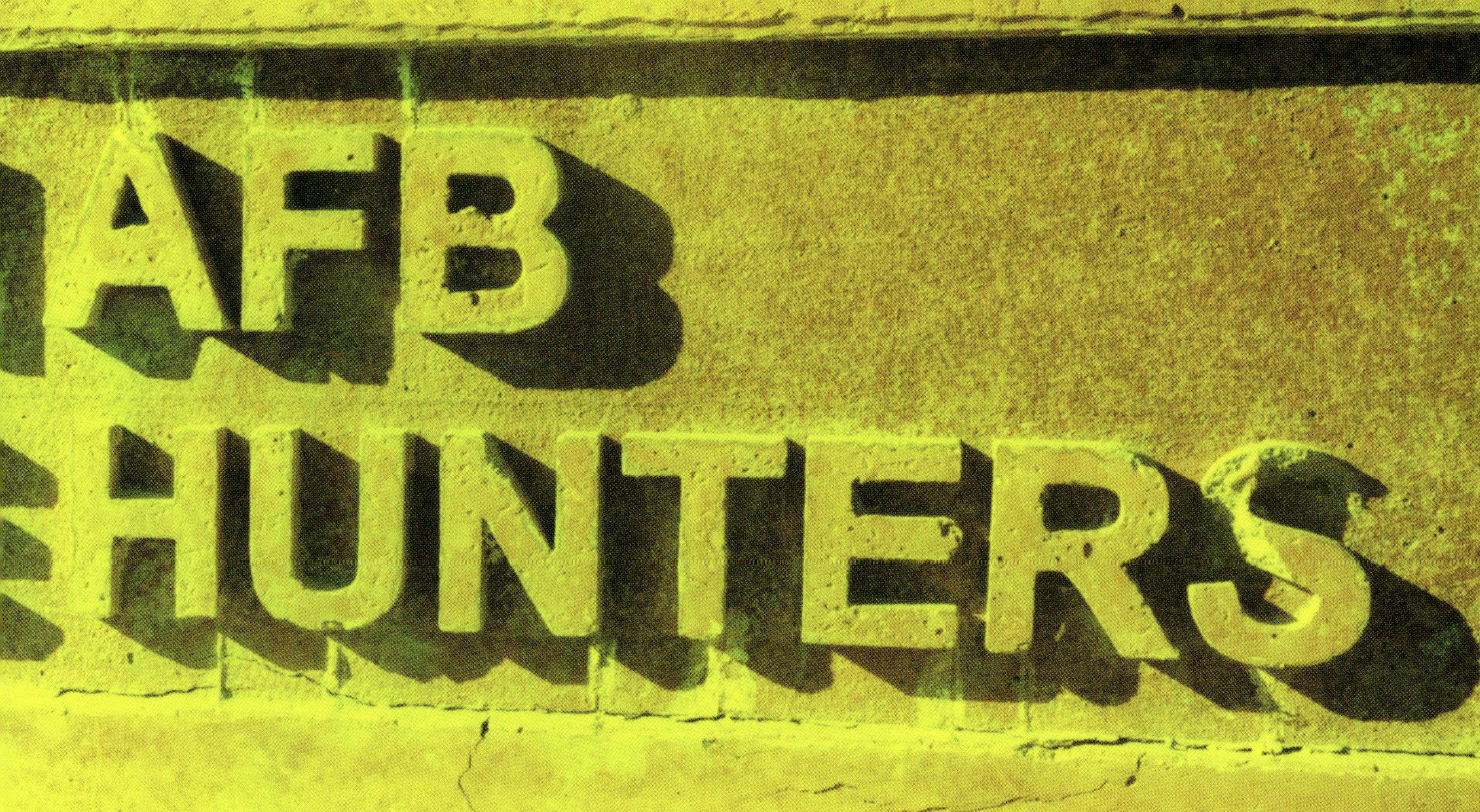
AFB
HUNTERS

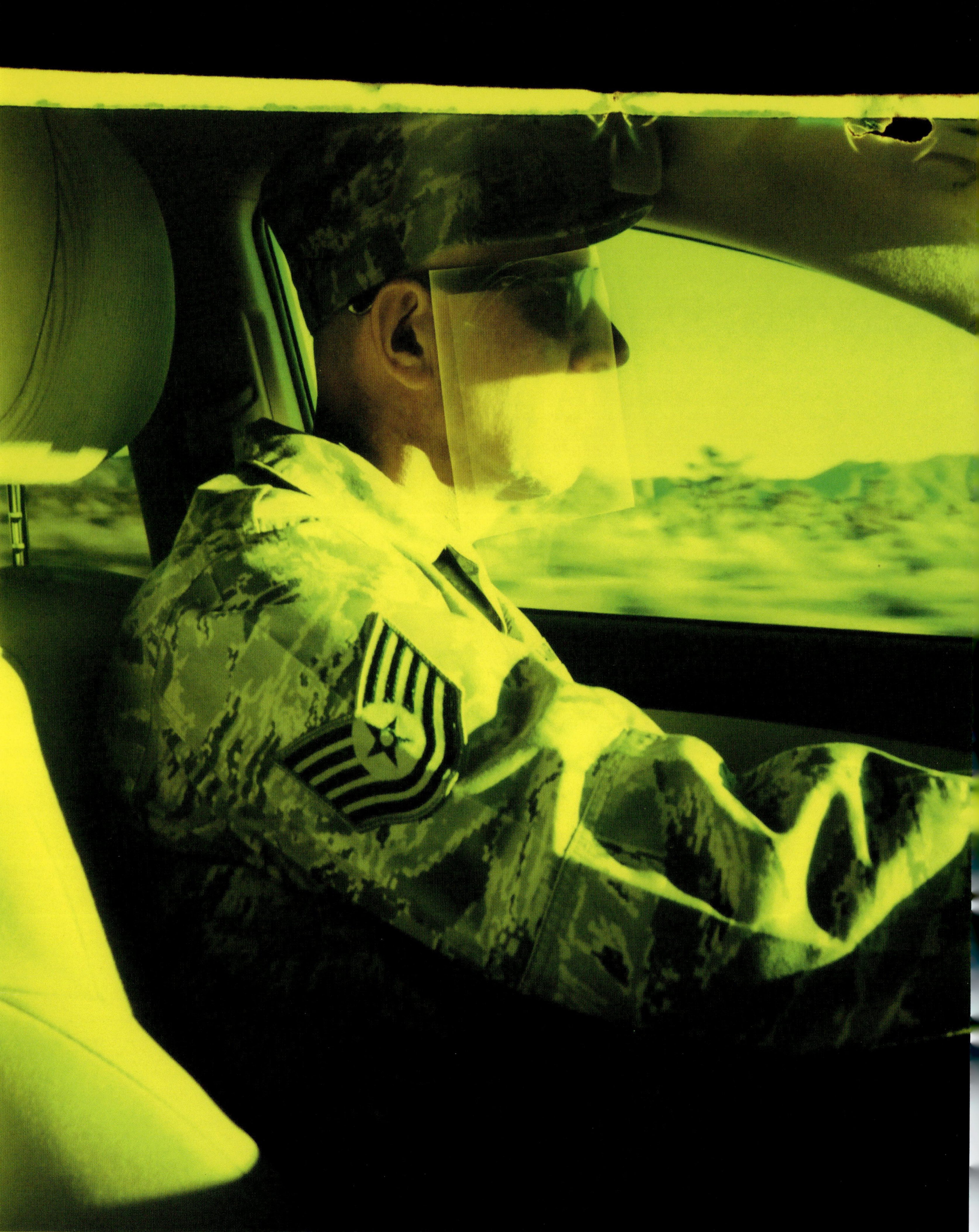

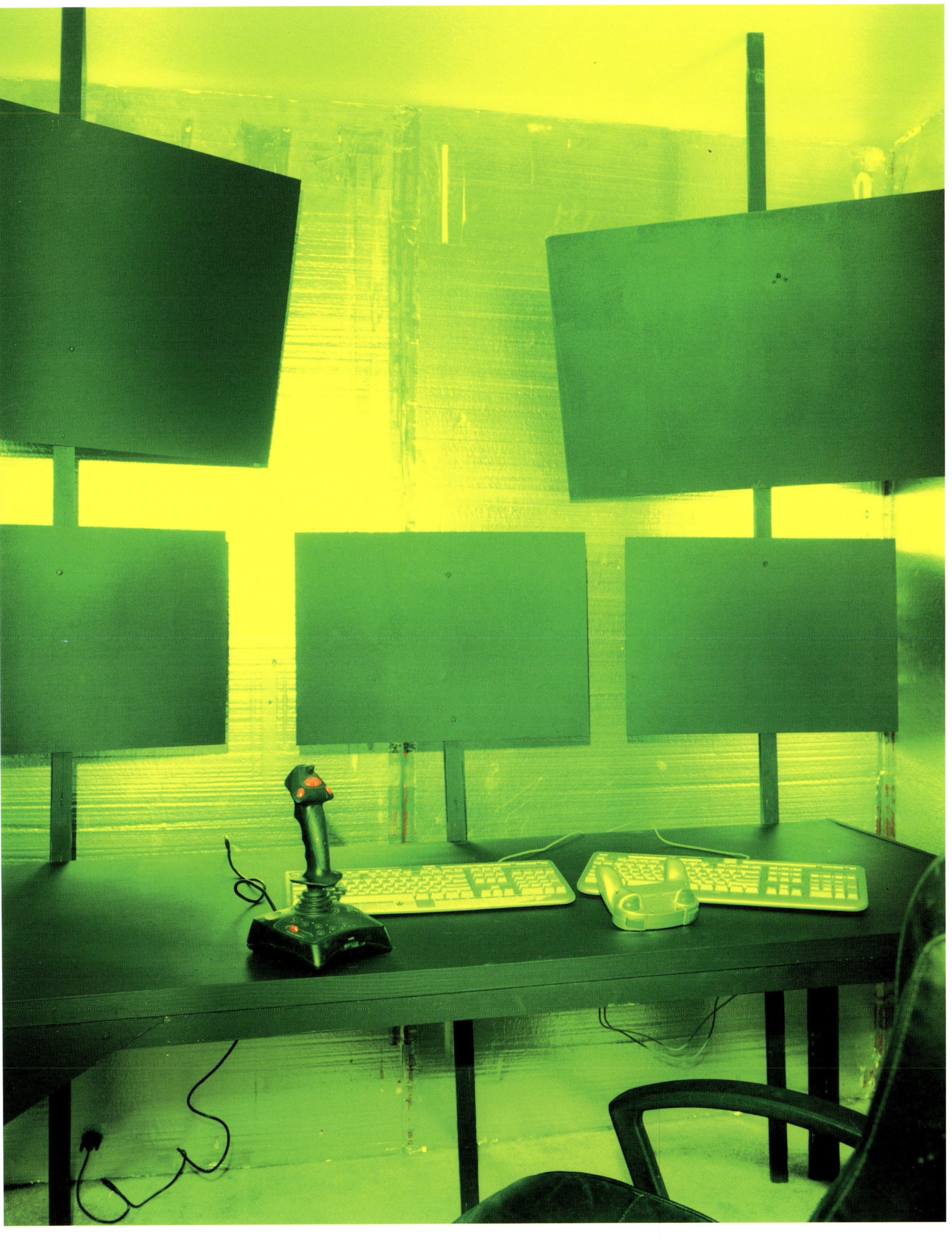

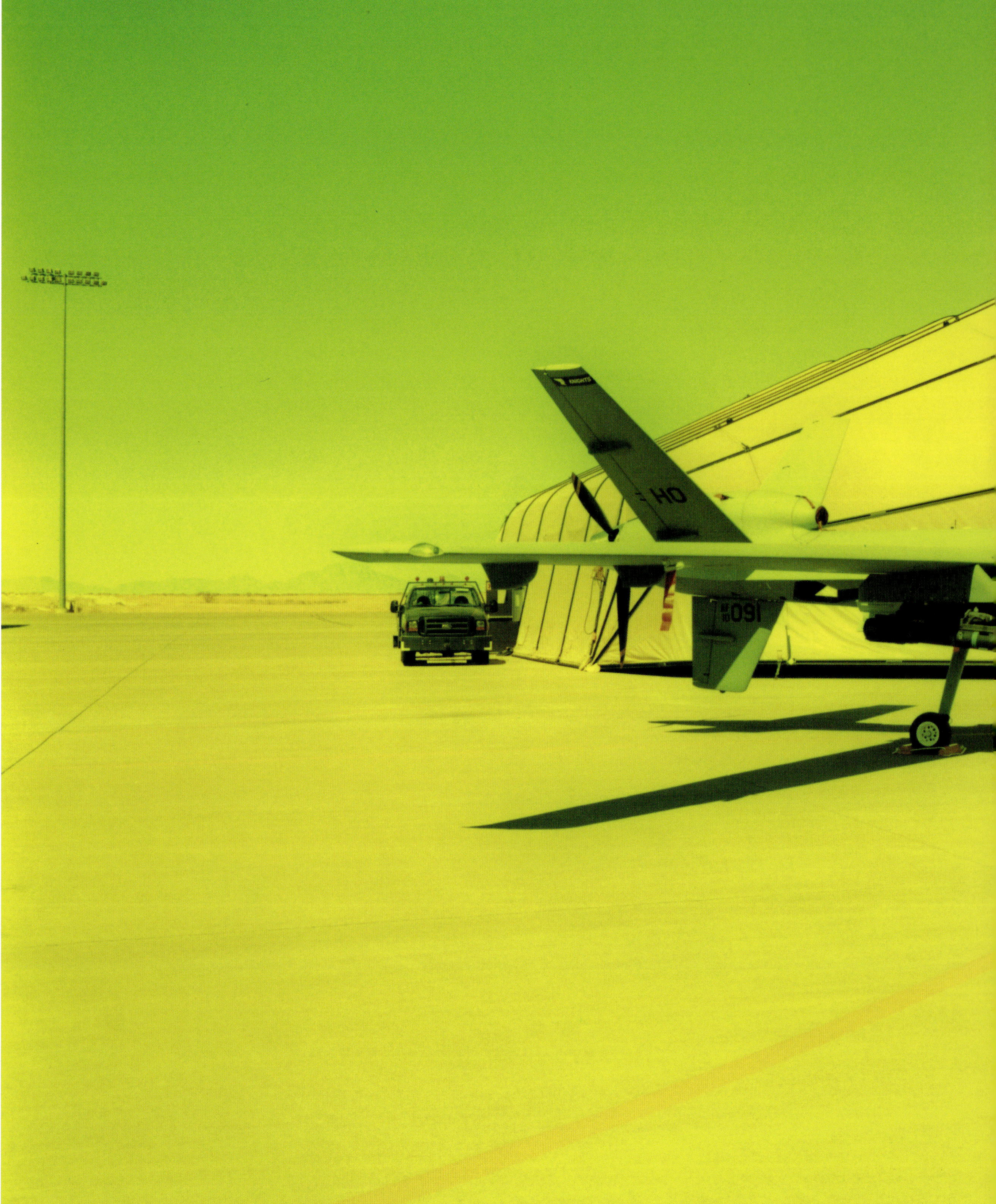
HO
091

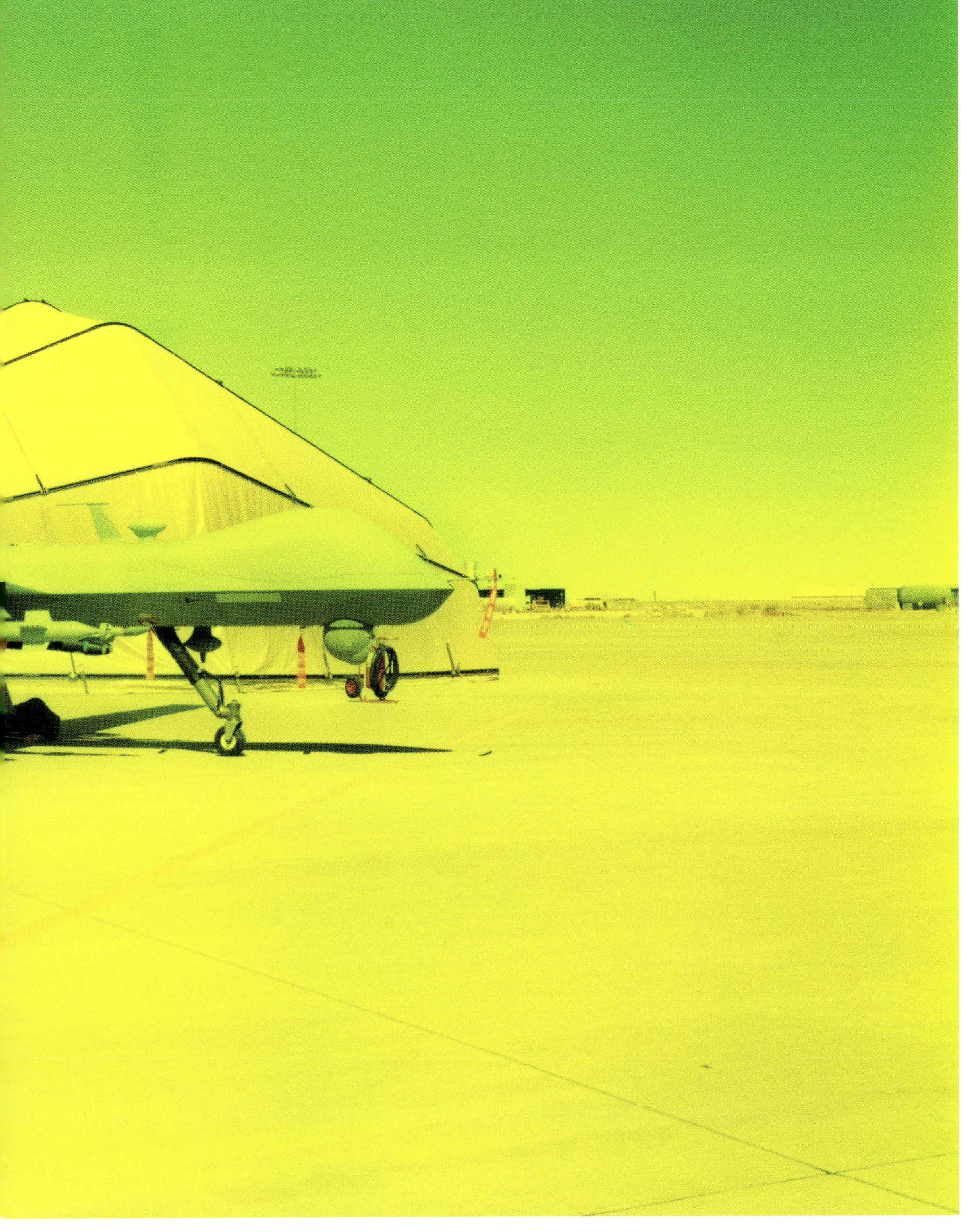

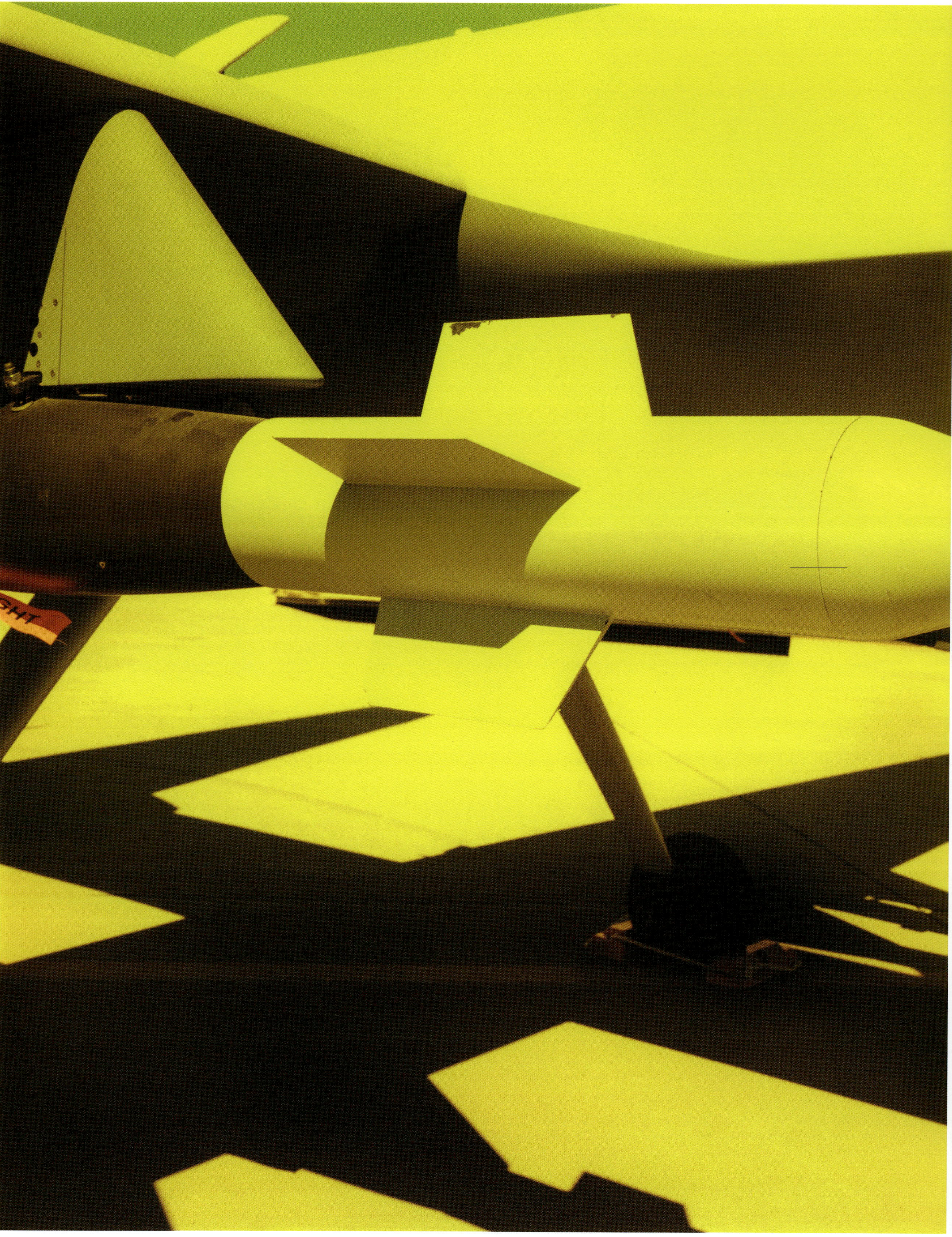

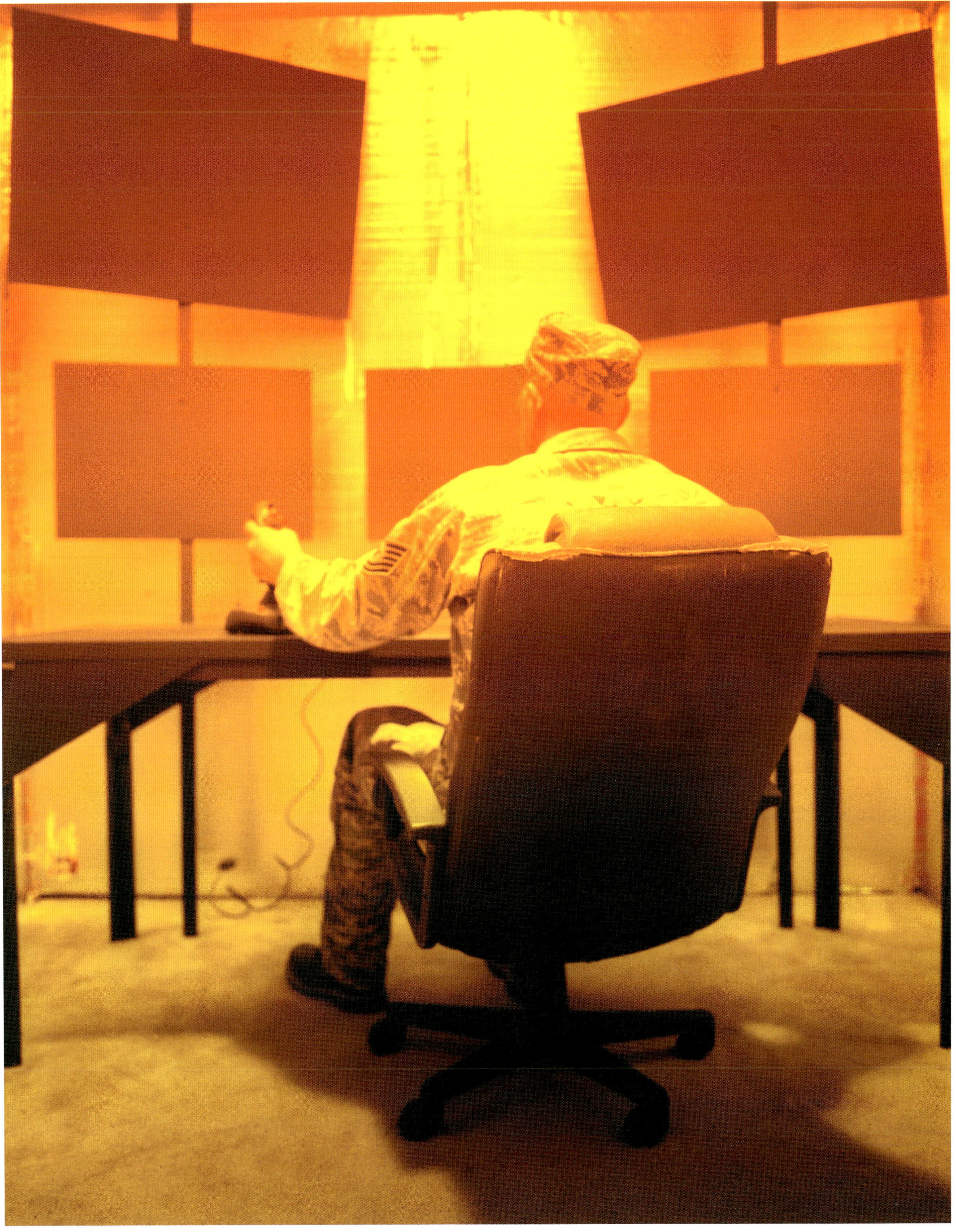

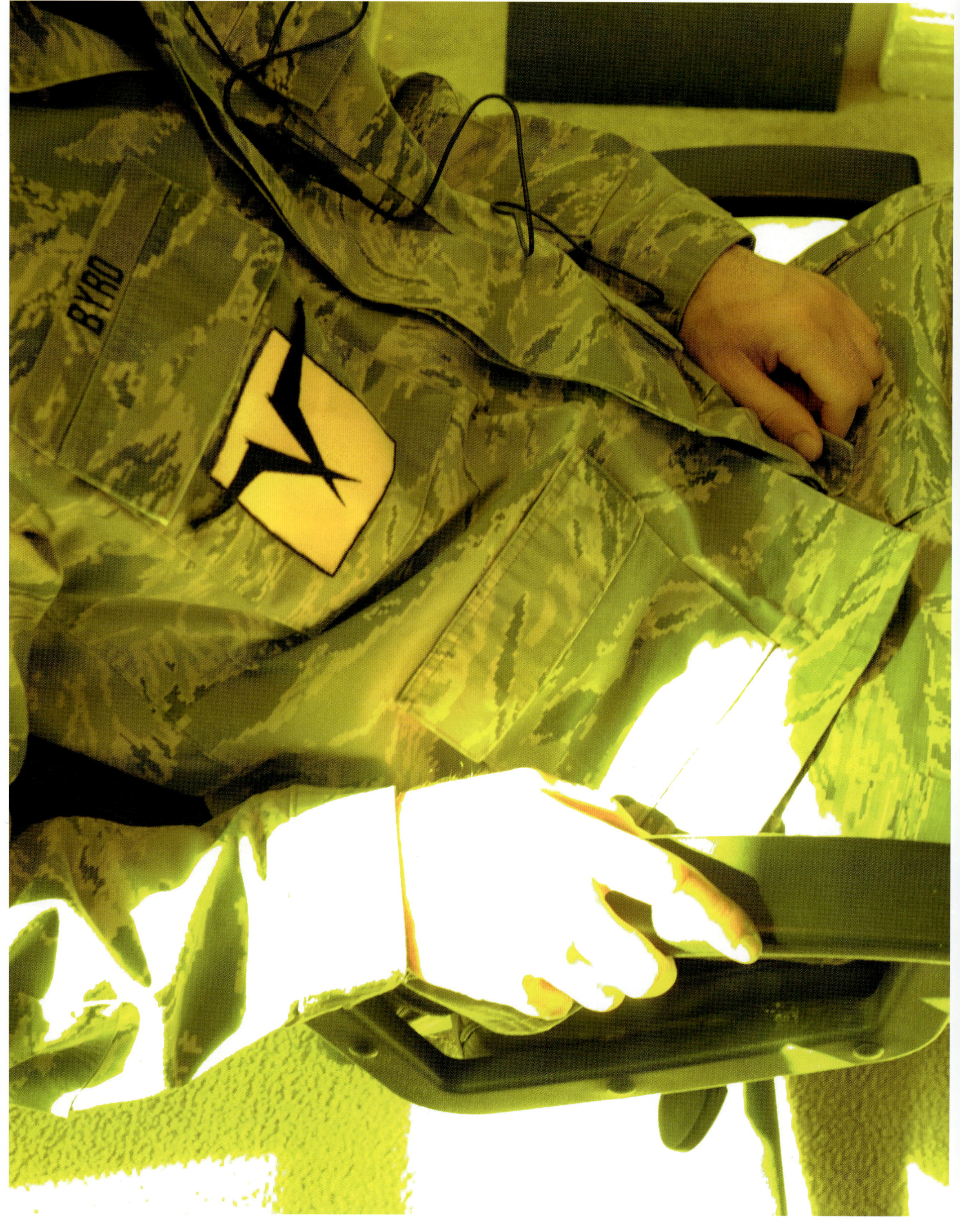
BYRD

La nuit je traverse les sables. Un volant droit sur la route qui s'éjecte vers Indian Springs où je pilote des drones militaires. Les grain-pixels tapissent l'écran. Le jour se confond au rêve et je me demande encore si ce que je vis c'est le rêve ou la réalité. La réalité qui serait commune à tous je veux dire, distincte d'une image produite par mon cerveau pendant mon sommeil. Mon coma. Dans le rêve je conduis une voiture au sortir d'une grande ville et la route est un tapis gris noir. Lentement le rituel se déroule, avec le confort d'un fauteuil de voiture en cuir à boite de vitesses automatique : arrivée, café à la cafétéria du motel, juste avant l'entrée de la Base. Check point, en descendant de la voiture les graviers étincellent sous mes pieds et s'y délitent comme du sel. Le sol est lumineux, mon regard s'étale et les collines alentour arides irradient d'un magenta très pâle. La couleur contamine les jambes de mon pantalon camouflage. Les lunettes polychromes renvoient l'éblouissement et me protègent jusqu'à la porte d'entrée. Machine à café, gestes quotidiens, installation dans un autre fauteuil de cuir : joystick vertical, console multi-écrans. Le jeu commence, la réalité virtuelle – la trame des écrans s'agrandit et je descends entre les points de couleur vers l'horizon saccadé. Bientôt seule la trame m'entoure, je suis à l'intérieur d'elle. Je me sens bien, chaque jour ma surprise est la même au contact imperceptible de la matière virtuelle. Depuis ma position fixe je suis invisible et inatteignable, je domine en plan large un vaste territoire. Dans mes écouteurs, des voix aux messages codés. Une voix intime l'ordre, j'exécute le tir d'une magnifique précision qui éclot en gerbes soudaines, en explosions et éparpillements, et mon regard périphérique calme et lent s'enfonce et scrute dans le détail la masse des débris polychromes qui scintillent comme du verre pilé.

Après quelques heures de ce jeu infernal je repose lunettes et manettes et comme en marche arrière reprends la route vers l'ivresse du soir qui rompra celle du jour. Le rêve remplacera le réel, ou le réel commencera enfin à partir du coma. La nuit dans le désert je m'agenouille auprès de corps nus que je prends dans les bras et couvre de baisers chastes en soufflant dans leur chair. Une fois un corps s'est illuminé de phosphorescence, il s'est levé, j'ai fui mais l'obscurité du désert m'empêchait d'avancer, il m'a rejoint à pas lents, il m'a aspiré, littéralement aspiré comme une flaque de sang, et m'a réveillé devant les écrans, dans le fauteuil de cuir, le gobelet de café fumant.

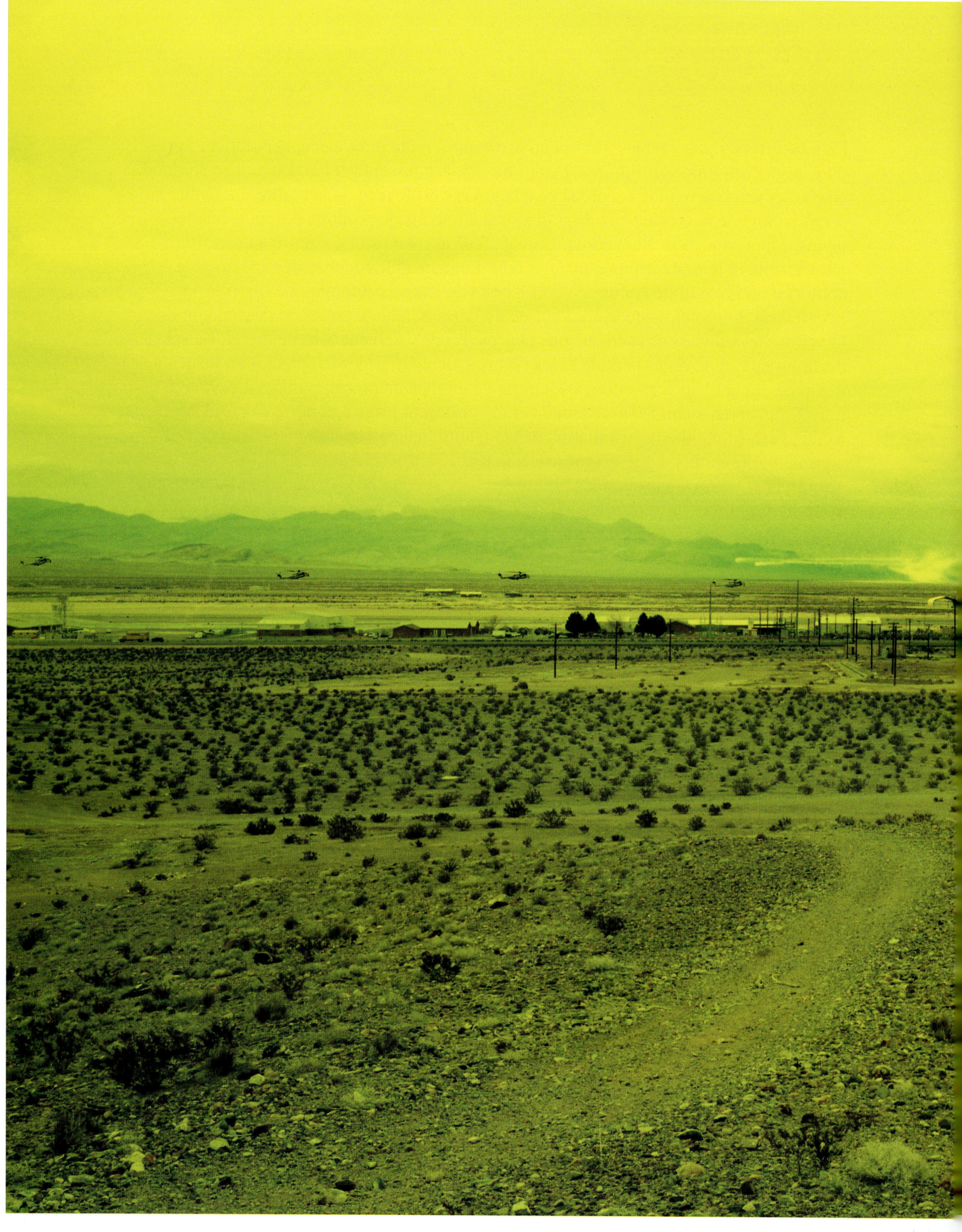

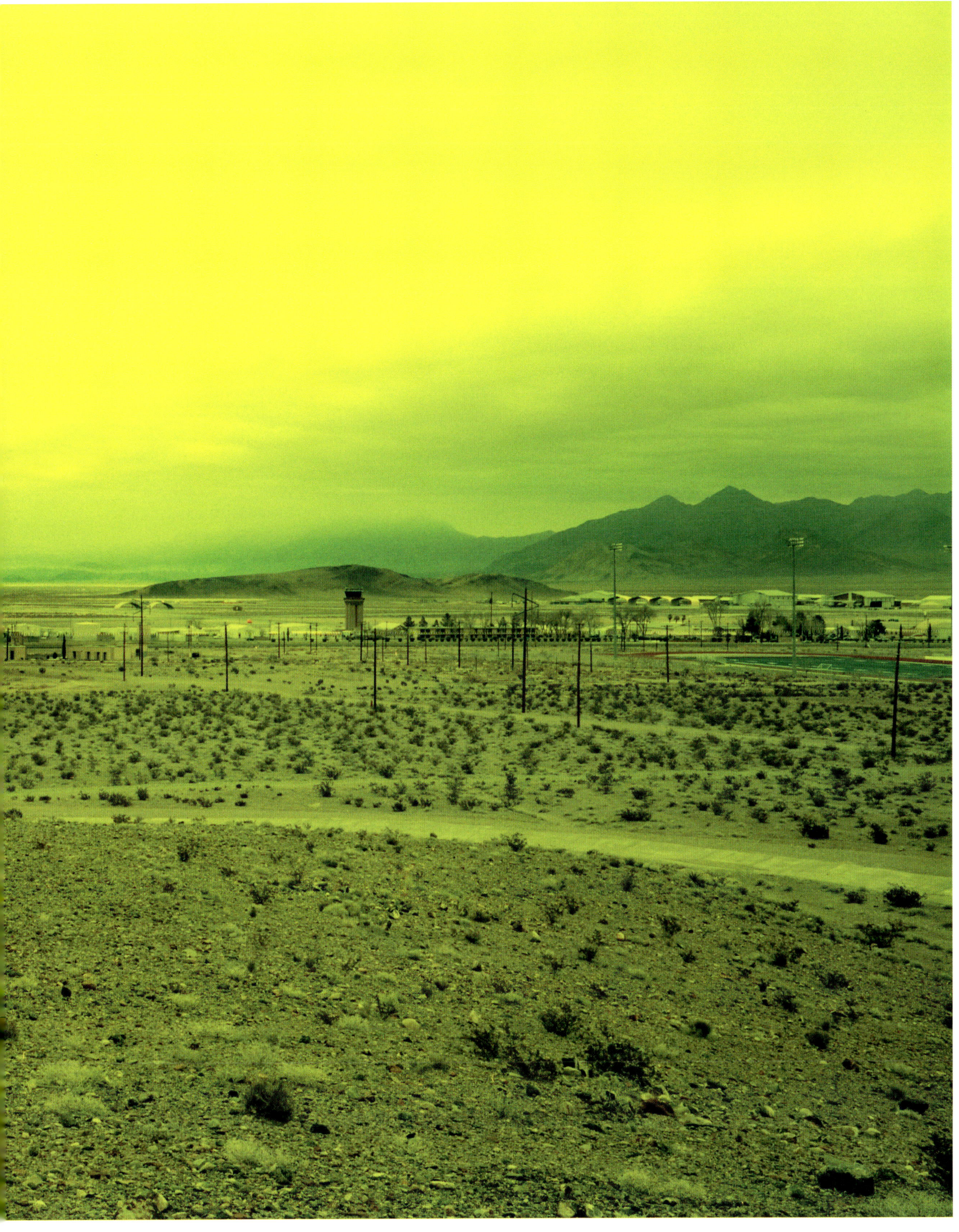

At night I cut across the sandy terrain. With two hands on the steering wheel, the car shoots towards the interstate to Indian Springs, where I pilot military drones. Grainy pixels spread all over the screen. Day and dreams get blurred, and I ask myself again, as I've done for always, whether I'm living in a dream or in reality. I mean reality as something common to all, not as an image produced by my brain during my sleep. My comma.
In my dream, I drive a car out of a big city and the road is a grey-black carpet. The ritual unfolds slowly, in the comfort of the leather seat of an automatic car: upon arriving, I get a coffee at the cafeteria of the motel, located just before to the entrance to the Base. Check point. As I step out of the car, the gravel twinkles under my feet and crumbles like salt. The ground is luminous, my gaze scans the landscape and the surrounding arid hills shine a very pale magenta. The color contaminates the legs of my camouflage pants. The polychrome glasses protect me from the dazzle and glare till I'm inside.
Coffee machine, everyday gestures, settling into a leather armchair: vertical joystick, multiple screens console. The game starts, virtual reality – the grid on the screens growslarger and I venture down into the midst of the colored points, headed towards the convulsing horizon in the distance. Soon enough, I'm surrounded only by gridlines, I'm entirely inside it. I feel good. Every day I experience the same surprise at the first contact with the imperceptible of virtual matter. From my fixed position I'm invisible, unassailable, I dominate in close-up a vast territory. On my headphones I hear voices uttering coded messages. An intimate voice gives the order, and I execute the magnificently precise shot that suddenly kicks up a spray of dust, produces explosions and splinters, and my peripheral vision, calm and methodical, dives in and scrutinizes in detail the mass of polychrome debris that shimmers like shattered glass.

After a few hours of this infernal game, I put down the glasses and let go of the controller and, as if moving in reverse, retrace the road, heading this time towards the drunkenness of the night that replaces that of the day. Dream replaces reality, or the real starts at last start to awake from it comma. At night in the desert, I kneel down besides a naked body that I envelop with my arms and cover with chaste kisses while breathing into its skin. Once a body was illuminated by phosphorescence, it stood up and I fled, but the desert darkness kept me from advancing, and the body, walking slowly, caught up to me, sucked my in, literally sucked me in like a drop of blood on the skin, and thus I awoke in front of the screens, on the leather armchair, smoke rising from my cup of coffee.

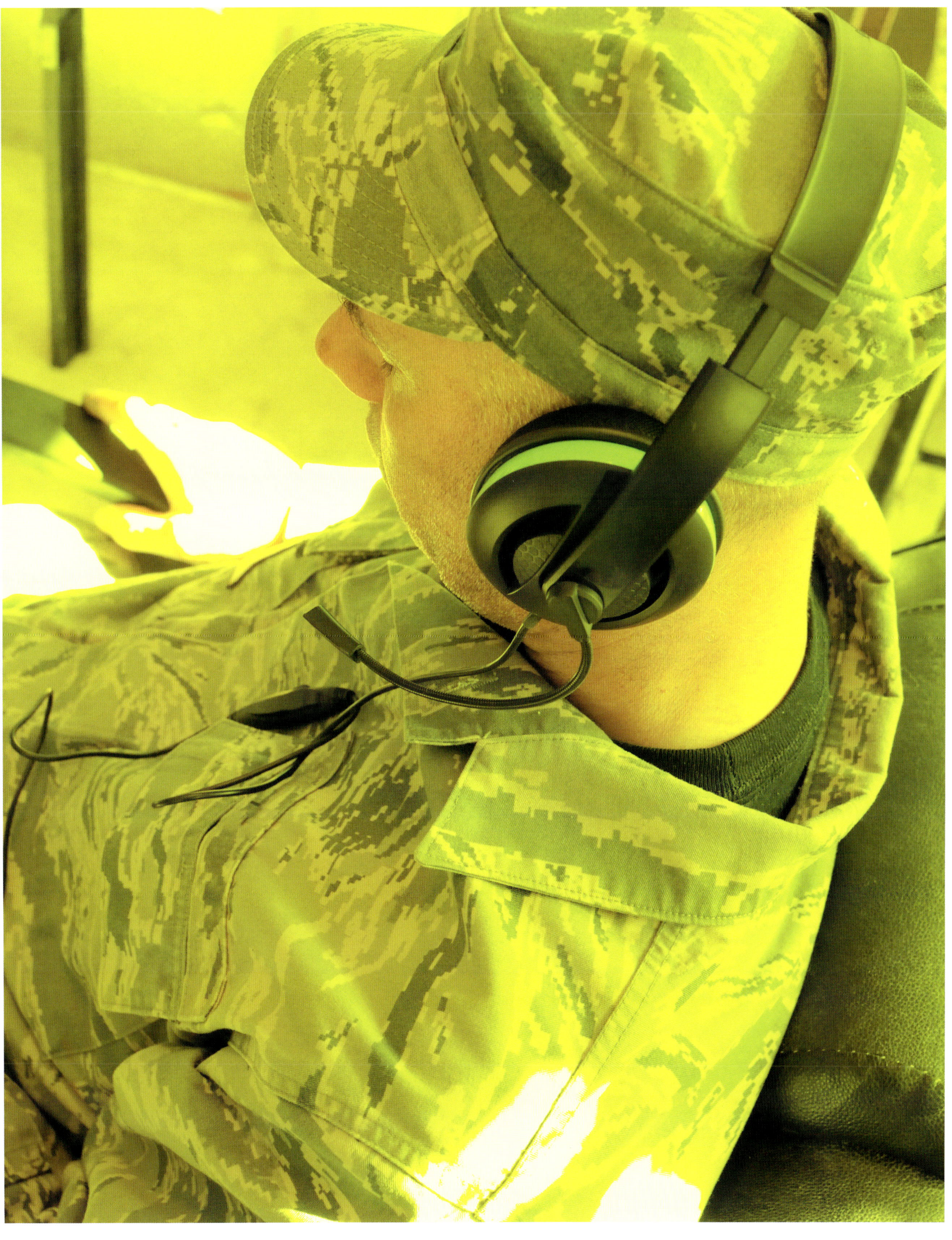

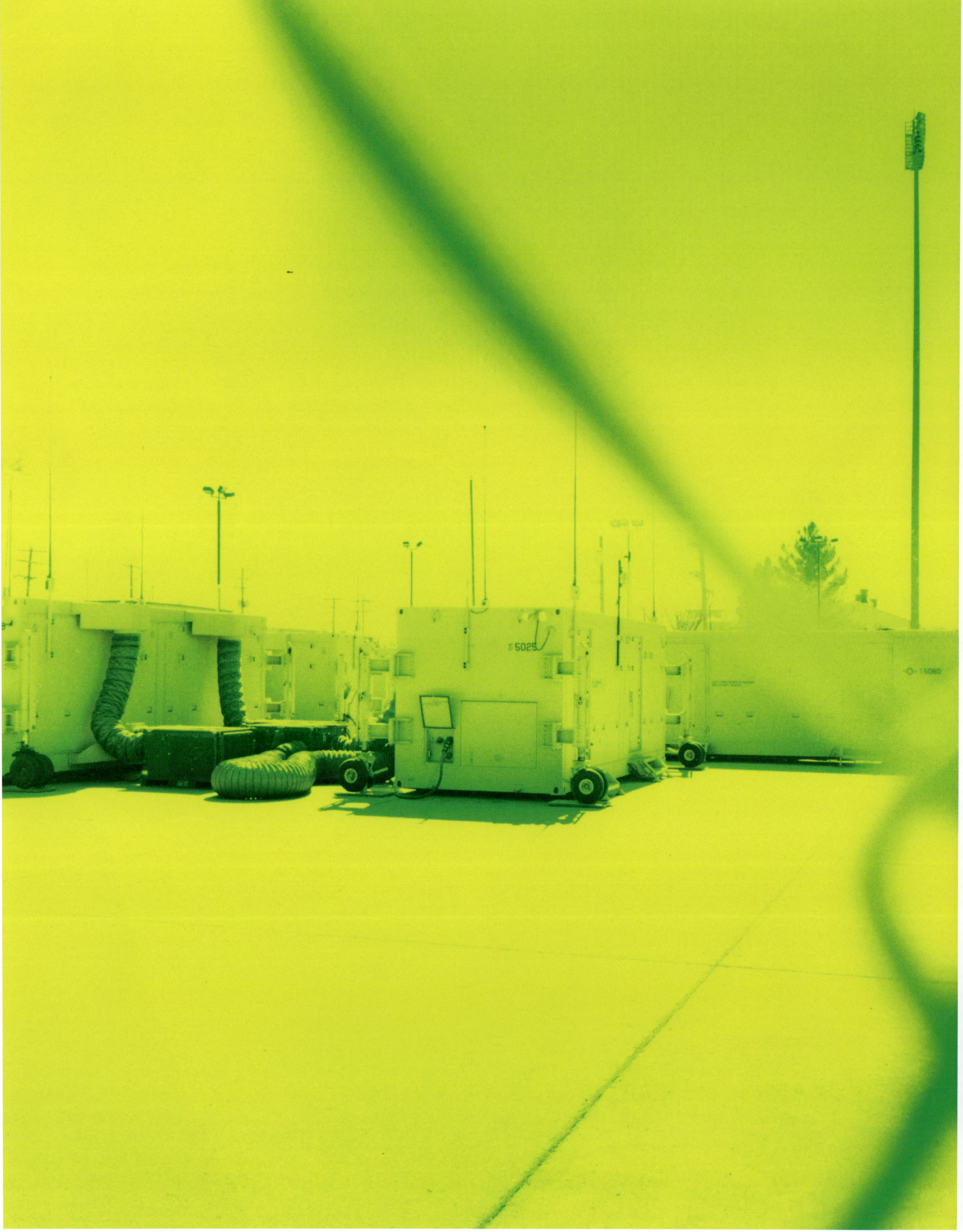
5025

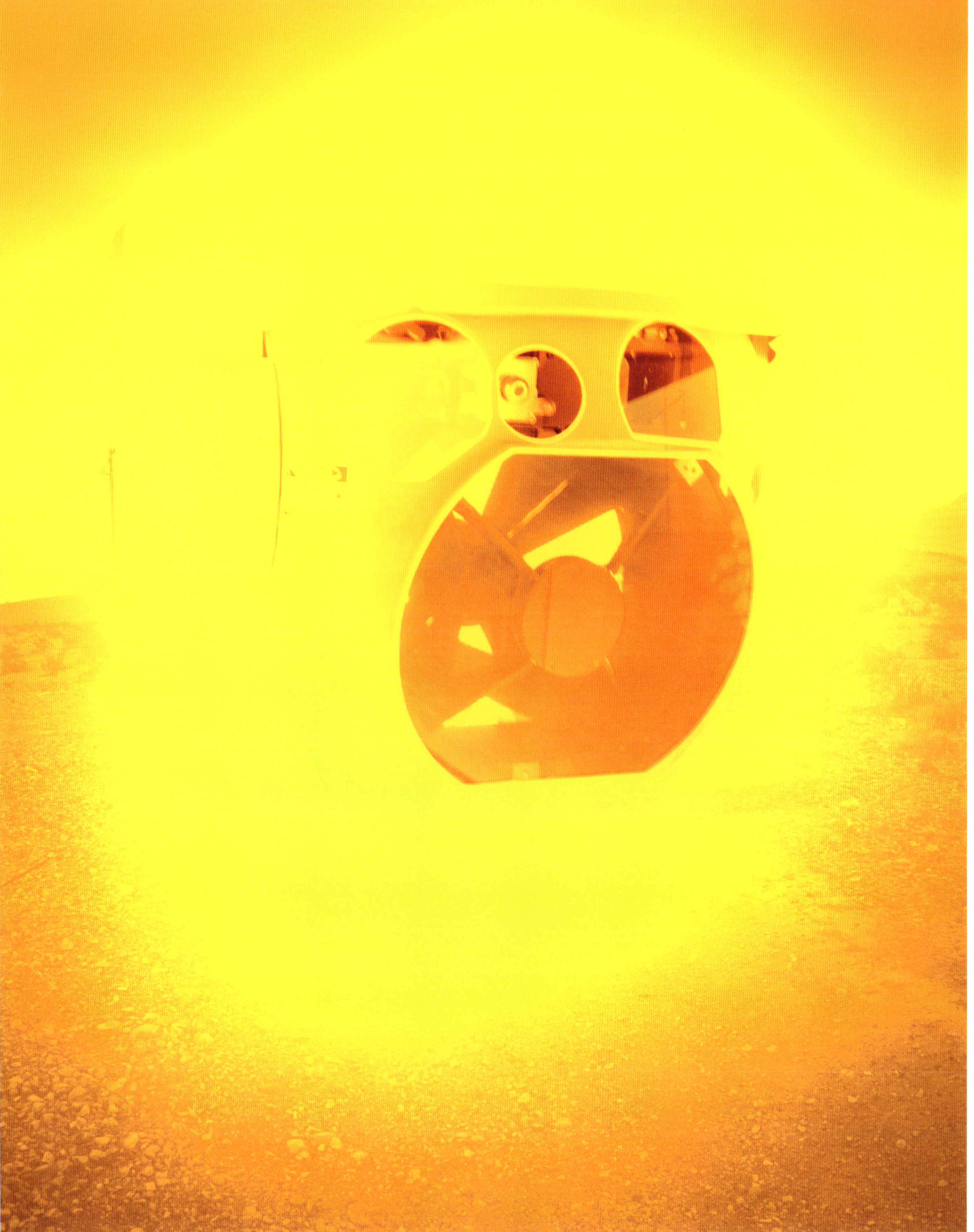

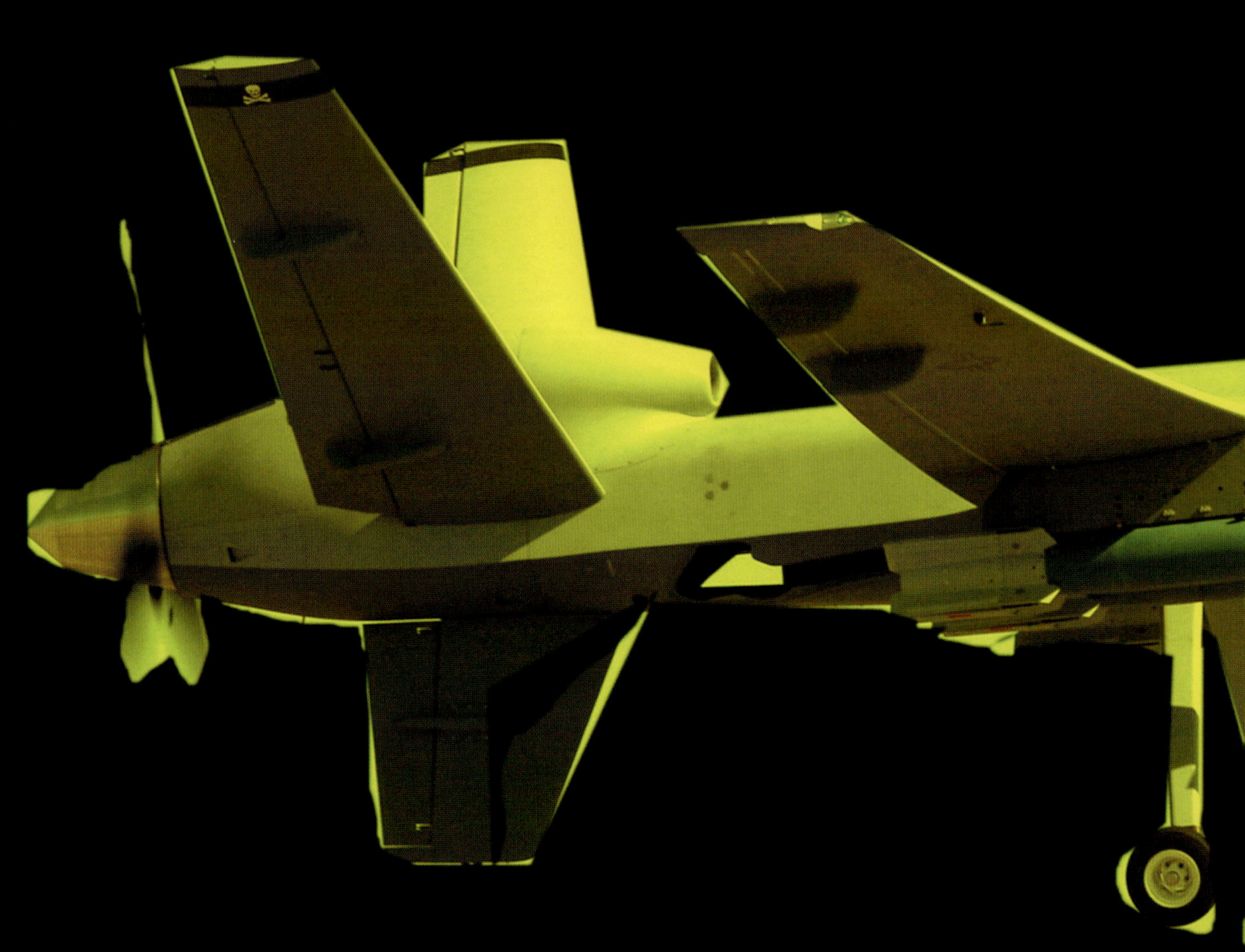

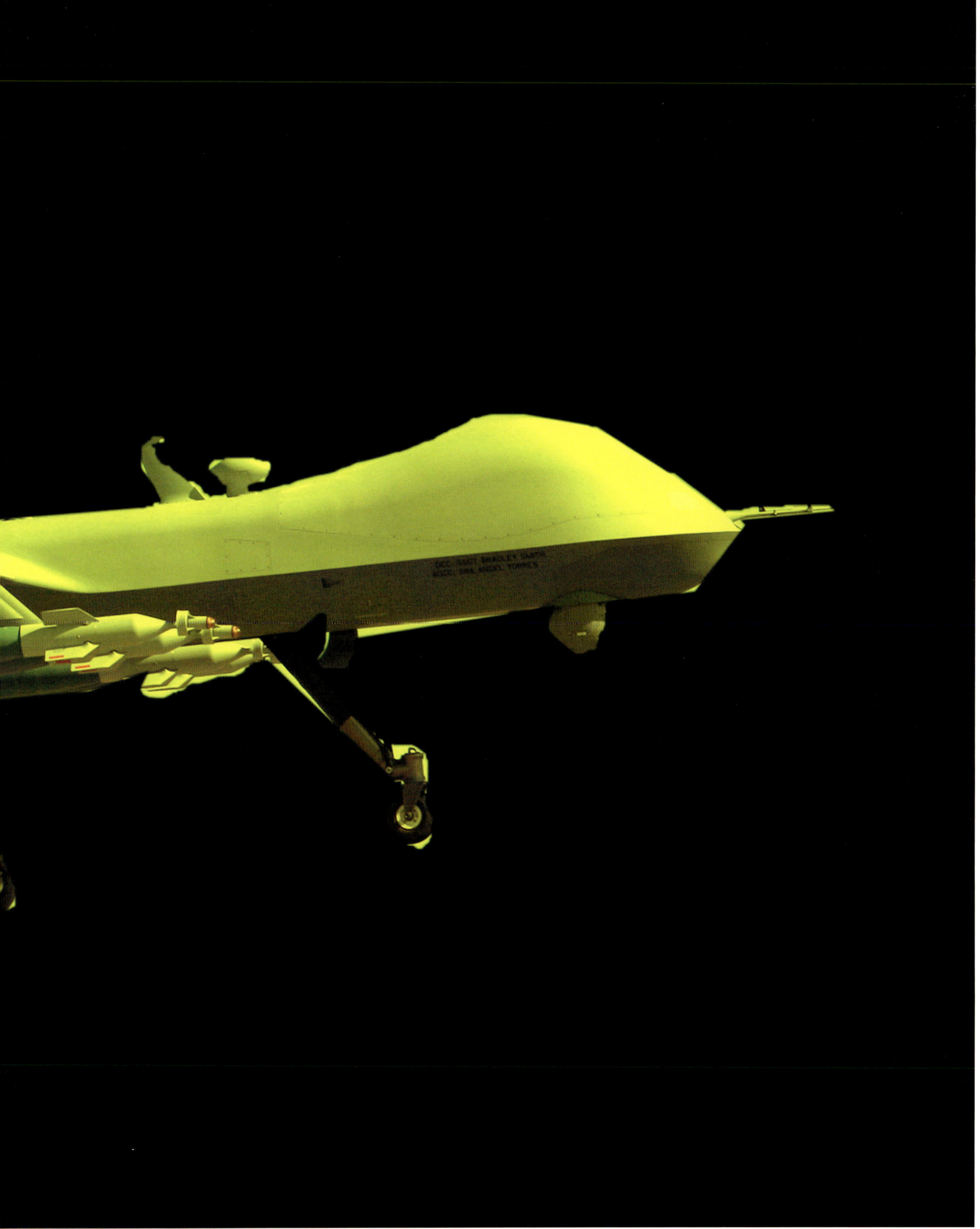

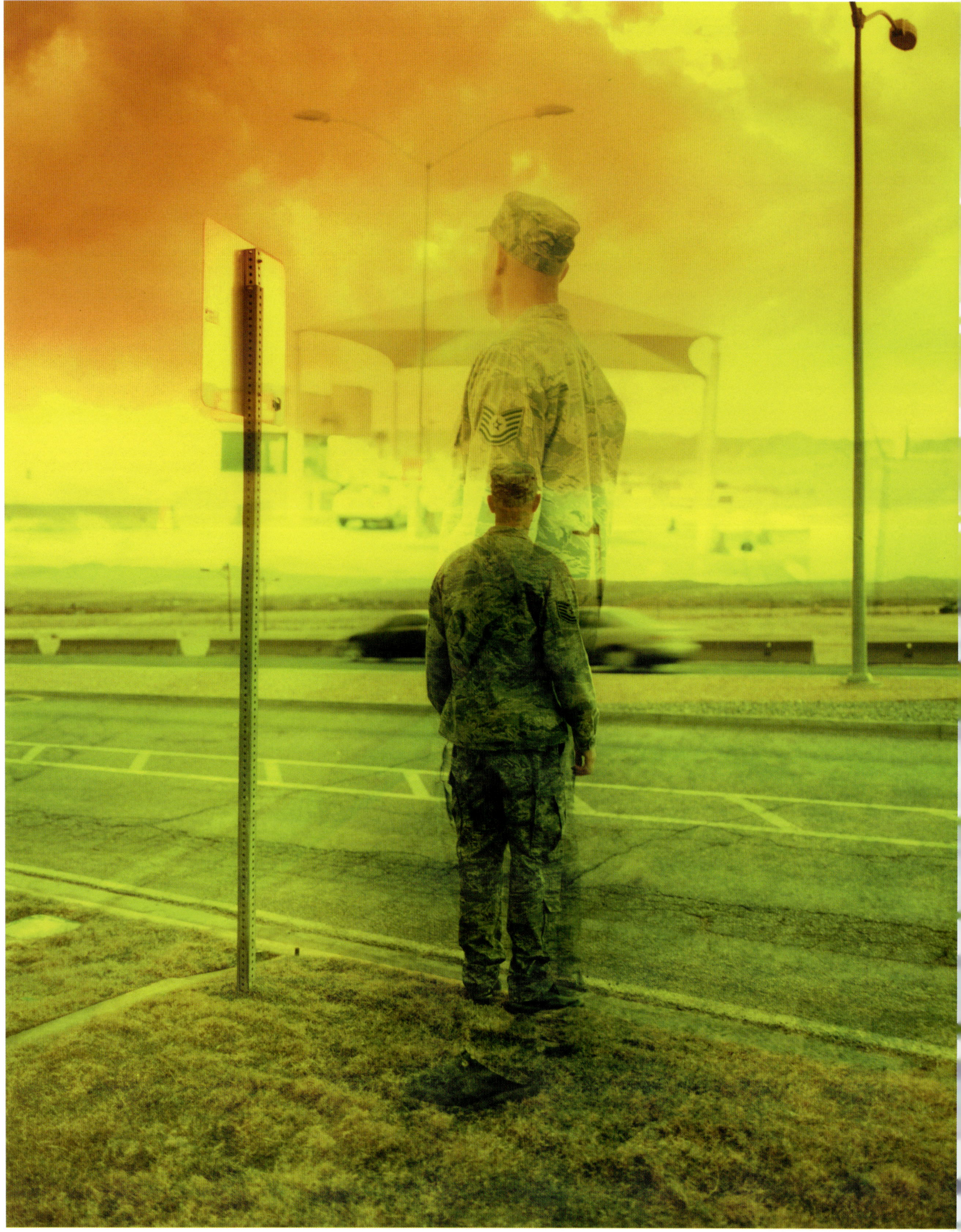

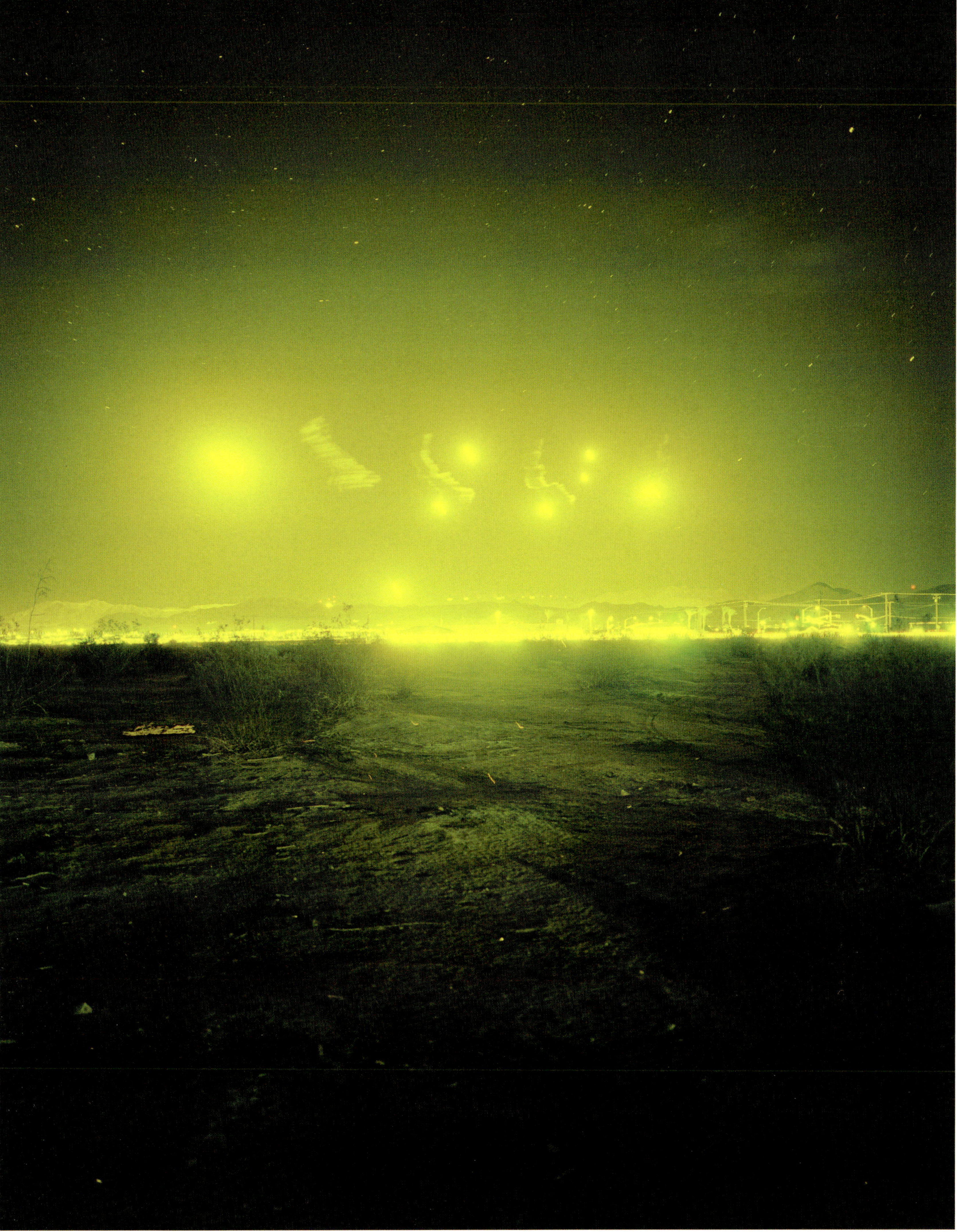

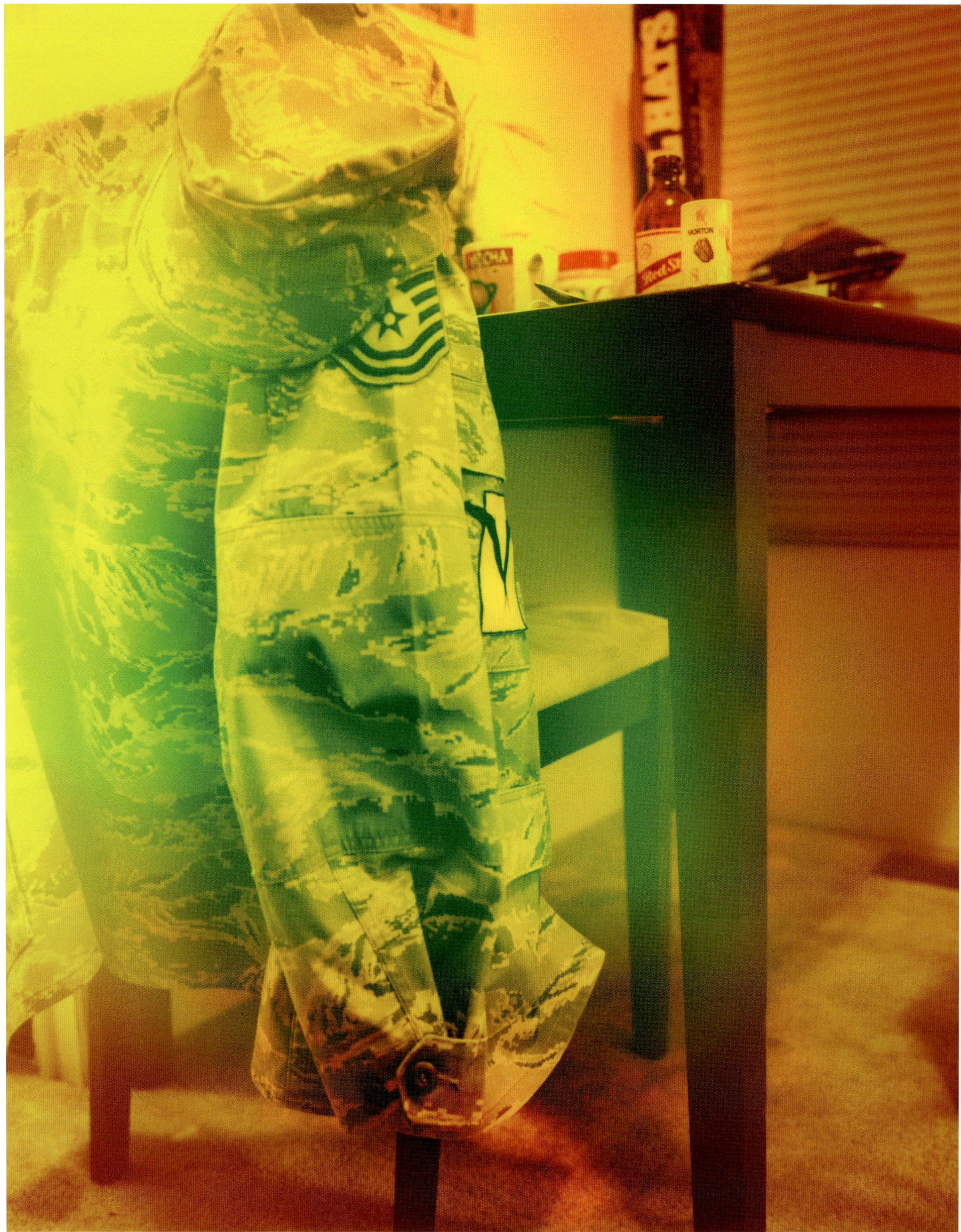
MORTON

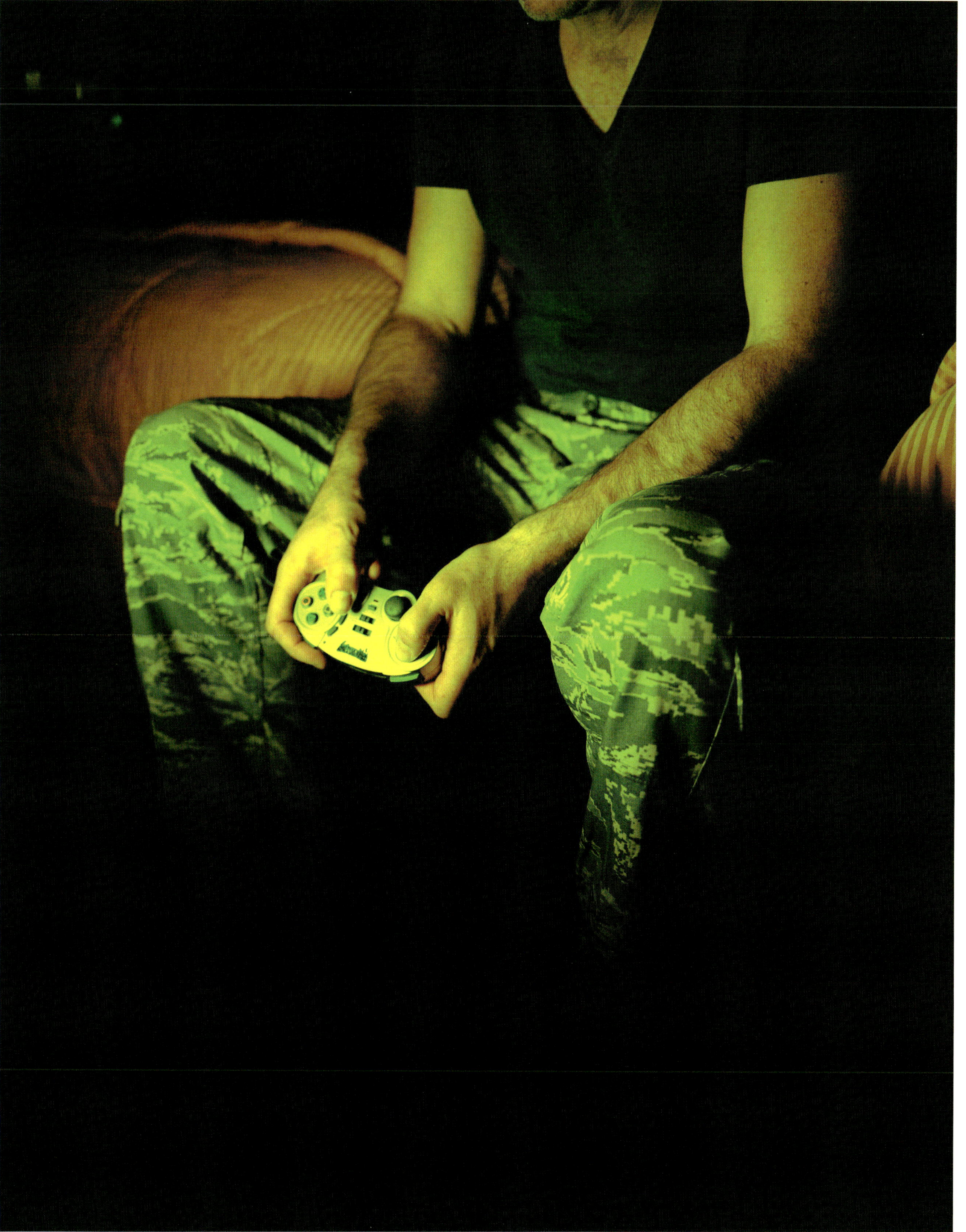

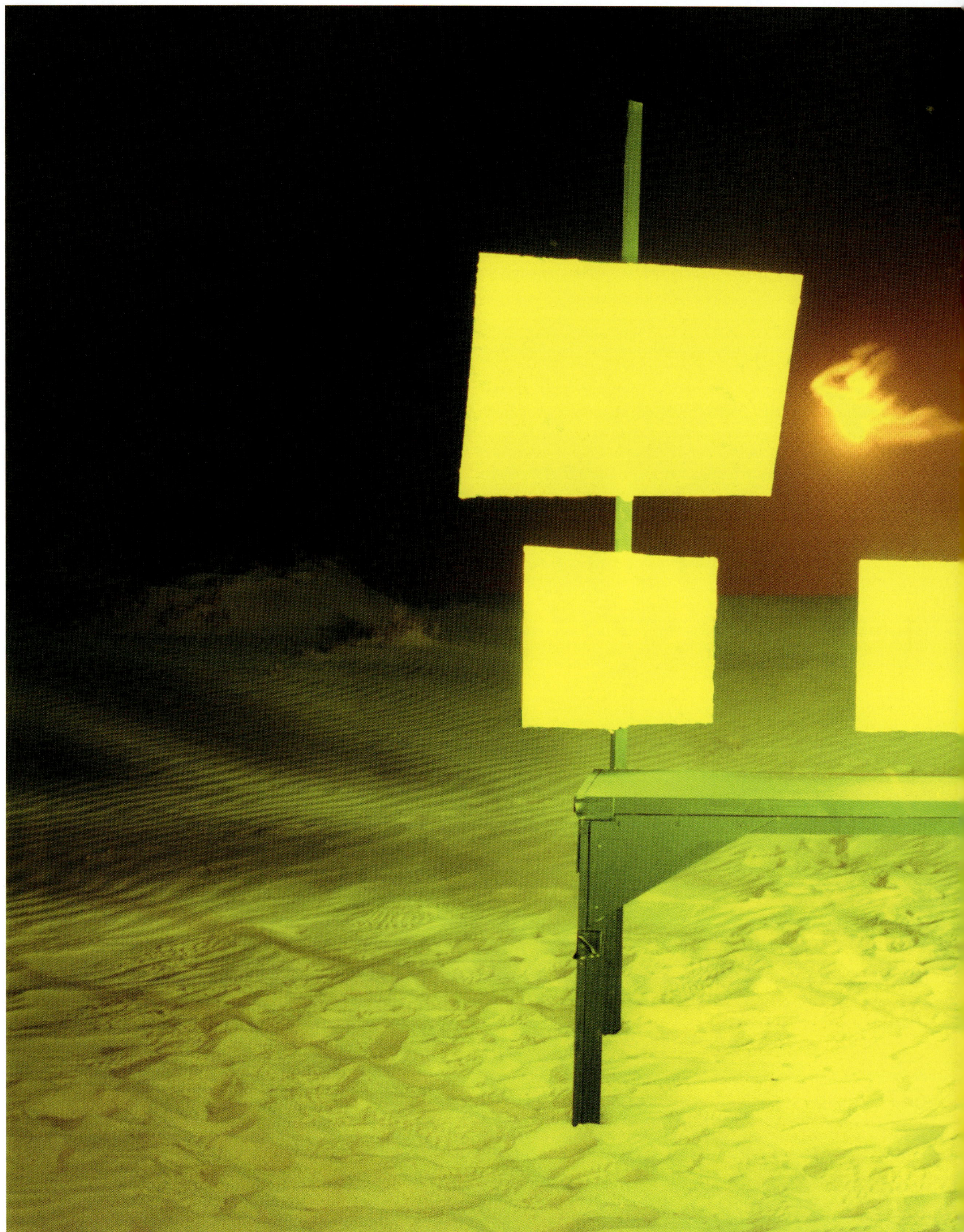

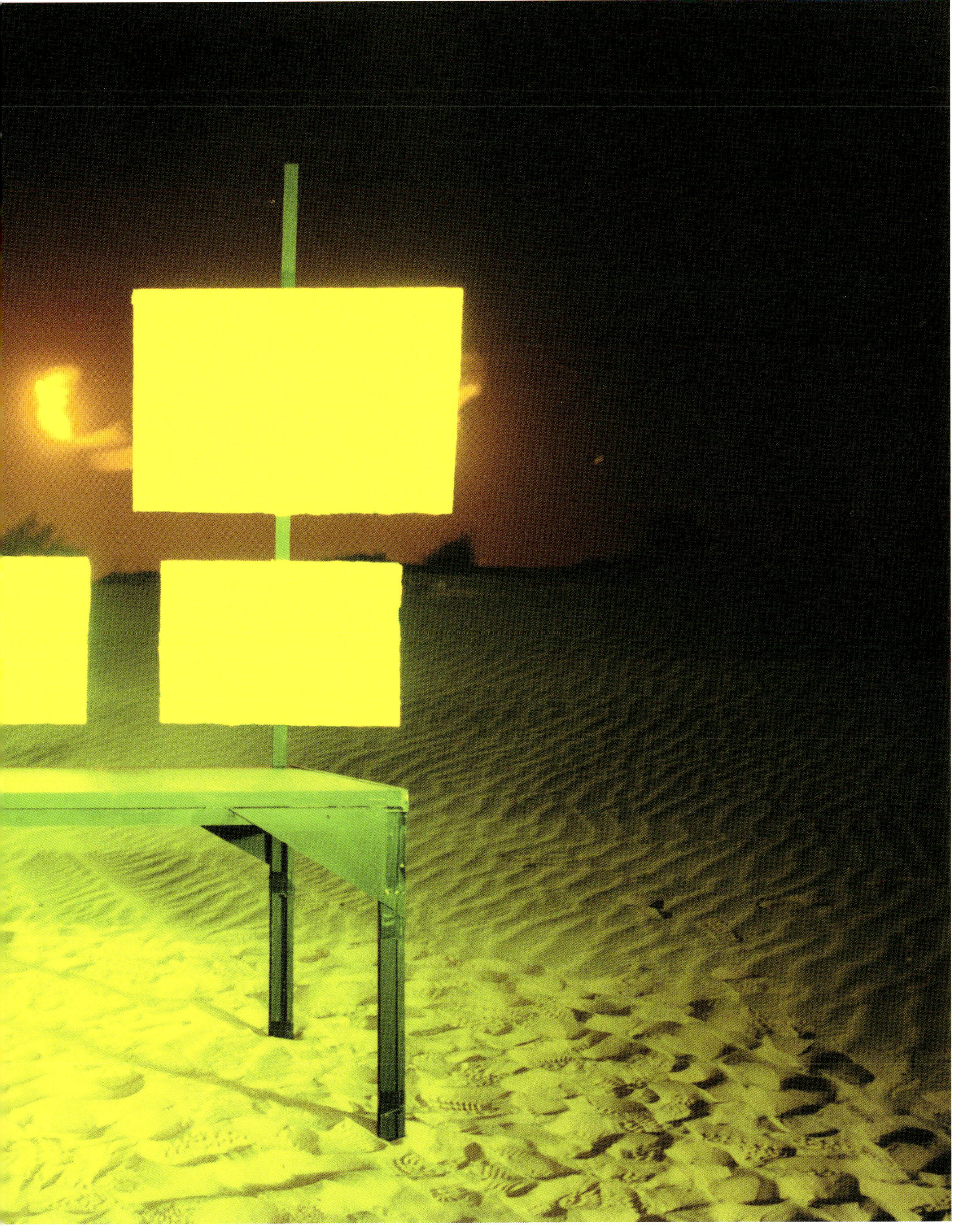

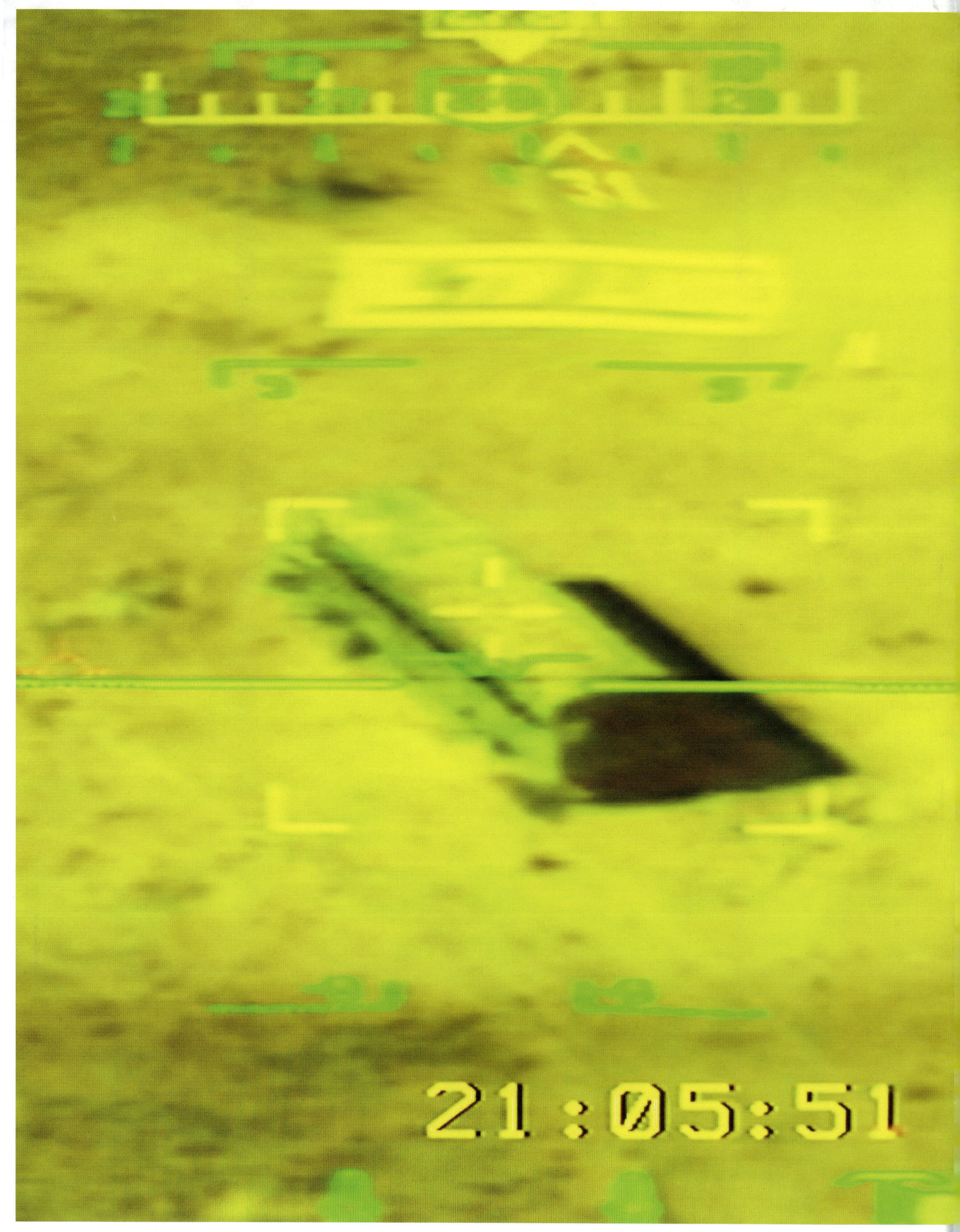
21:05:51